Zu diesem Buch

«Cartoons von Kindern und Eltern im Leben miteinander und gegeneinander. Sehr viel Familienpädagogik in Bildfolgen, gelegentlich mit Sprechblasen. Alle lernen voneinander: in Spiel und Spaß, in gelungener und mißratener Konfliktlösung. Da werden keine Bösewichter gezeigt, sondern Situationen und Erlebnisse, die jede Familie kennt. Geplagt und frustriert sind sie wechselseitig, die einzelnen Familienglieder. Toleranz und Heiterkeit und ein bißchen Weisheit und guter Wille, den Familienalltag besser zu bestehen und zu gestalten, das bleibt, wenn man das Buch schmunzelnd – weil man sich selbst sehr oft wiedererkannt hat – aus der Hand legt. Für jedermann zu empfehlen.» («Evangelischer Buchberater»).

«Verblüfft, amüsiert und ein klein wenig betroffen erkennt der Leser hinter den treffsicheren Karikaturen einen scharf beobachteten Familienalltag, der der eigene sein könnte. Satire im Bild.» (Jahresliste Empfehlenswerte Bücher für Öffentliche Büchereien, Oldenburg)

Marie Marcks, geboren 1922 in Berlin, lernte während der Schulzeit «nebenbei» Zeichnen und Schrift in der privaten Kunstschule ihrer Mutter. Seit 1964 ist sie als politische Karikaturistin für die «Süddeutsche Zeitung» tätig. Sie zeichnet außerdem für weitere Zeitschriften und Zeitungen und drehte Zeichentrickfilme. In der Reihe der rororo-Taschenbücher liegen von ihr vor: «Immer ich!» (rotfuchs Nr. 109), «Die paar Pfennige!» (rotfuchs Nr. 208), «Krümm dich beizeiten!» (Nr. 4704) und «Wer hat dich, du schöner Wald» (rotfuchs Nr. 326). Marie Marcks hat fünf Kinder und lebt in Heidelberg.

Marie Marcks

Vatermutterkind

Bildergeschichten

rororo

Rowohlt

Veröffentlicht im Rowohlt Taschenbuch Verlag GmbH,
Reinbek bei Hamburg, Januar 1990

Viele der in diesem Buch gesammelten
Bildergeschichten erschienen zuerst in der Zeitschrift
«spielen und lernen» im Velber Verlag
Umschlaggestaltung Marie Marcks
Satz Futura (Linotronic 500)
Gesamtherstellung Clausen & Bosse, Leck
Printed in Germany
680-ISBN 3 499 12610 9

Vatermutterkind

M.M

Mein meistgesprochenes Wort als Kind war «Nein».
Ich war kein einwandfreies Mutterglück.
Und denke ich an jene Zeit zurück –
Ich möchte nicht mein Kind gewesen sein.

Mascha Kaléko

Kreativitätsförderung

M. M

Peter, der Max holt dich zum Indianerspielen ab!
Wenn es dunkel wird, Kommst du wieder rein!

Hast du schöne rote Backen!

Bettgeschichten

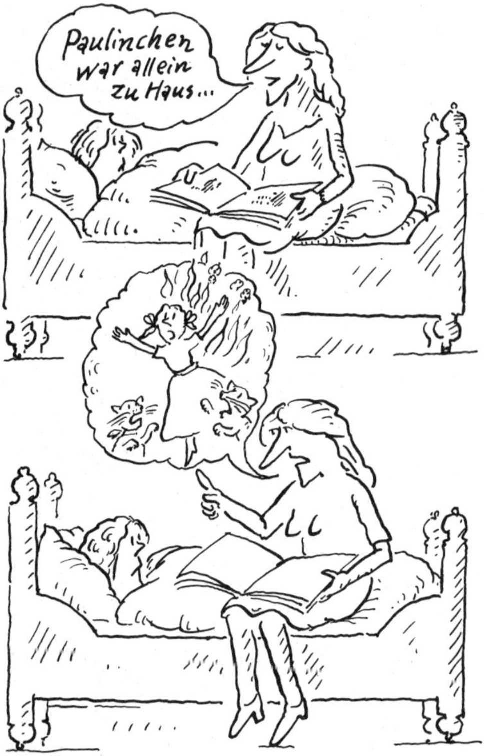

nun schlaf schön
Mienz und Maunz tun mir so leid!
M.M

II

1

2

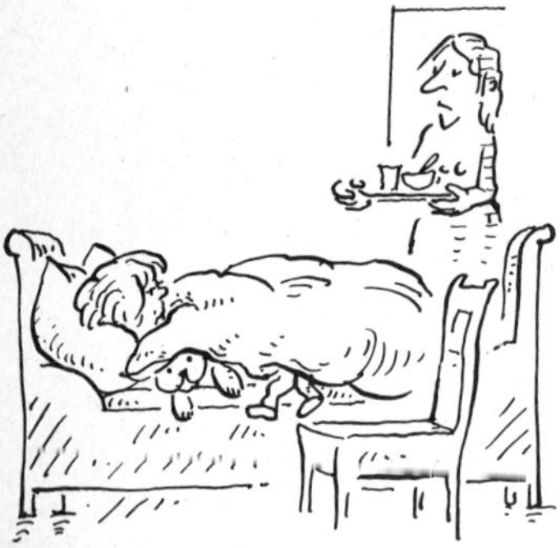

3

4

Wirst du wohl hier nicht barfuß rumlaufen!!

5

6

Zurück mit dir in dein Bett!
M. M

7

8

III

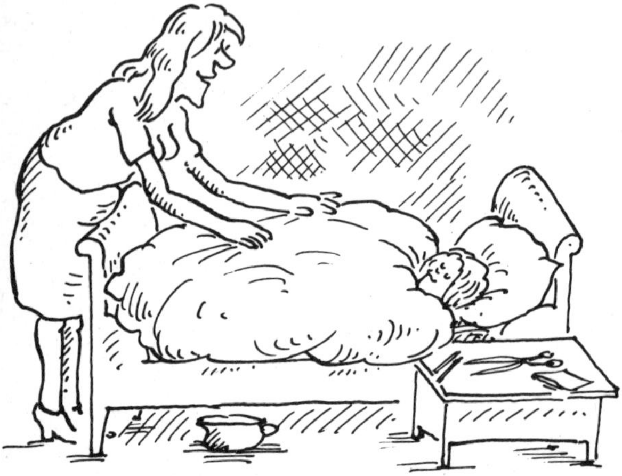

HUUHUU!
M. M

Tiergeschichten

Maikäfer

Ein Müller, ach nein, ein Schuster! Da braucht ihr doch keine Angst zu haben!

Als Kinder haben wir die sogar gegessen! Als Mutprobe. Zu Tausenden

Saßen sie oft in den Bäumen!

Die Nachtigall

Kinder, kommt schnell, draußen singt 'ne Nachtigall!
Sei doch mal ruhig! Jmmer wenn's spannend ist, mußt du stören!

Huuuu
Huuu
M. M

Goldfische

1

2

3

4

5

du bist gemein!

6

Florian. Komm mal schnell!

7

diese hier sind doch jetzt deine, nicht?
M. M

8

Nikolaus

Er macht immer noch in die Hose!

Als ich noch ein Kleiner Nikolaus war, hab' ich auch immer in die Hose gemacht!

M.M

Geburtstagspuppe

M. M

Ernst des Lebens

ich zeig dir'n Trick, wie es ganz schnell geht!

lieber lieber lieber lieber lieber lieber ...
Gott gott Gott Gott gott Gott gott gott gott gott go...
gib gib gib gib gib gib gib gib gib gib gib gi...
daß daß daß daß daß daß daß daß d...
ich ich ich ich ich ich ich ich ich ich ich...
morgen morgen morgen morgen ...
krank krank krank krank krank ...
bin bin bin bin bin bin bin bi...
M.M

Wissenschaftlicher Begleitengel

Sexualerziehung

Fast hättest du deine Badehose vergessen!

Ich denk' doch nicht dran, und zieh mich vor den ganzen Jungens aus!
M. M

II

Wie werden eigentlich die Kinder gemacht?

Weißt du, wenn sich 2 sehr, sehr liebhaben ......

..und Wie macht man ne LoKomotive?
M.M

III

Weil sie die ganzen Au-Wälder abgehackt haben, ist der Grundwasserspiegel gesunken
und darum gibt's keine Frösche mehr. Und weil's keine Frösche mehr gibt

gibt's Keinen Klapperstorch mehr
Und darum müssen wir Deutschen nun aussterben!

Durch Feld und Flur

dürfen wir mal die schöne alte Kirche ansehn?

2 Coke, 2 Bazooka, bitte!
M. M

II

Es hat jeder sein Päckchen zu tragen

III

M. M

das hab ich doch alles für Dich ge- sammelt!

IV

Nam-nam-nam!
Brauchst Keine Angst zu haben: Das ist doch nur SPIEL-GIFT!
M. M

V

Wer muß noch auf's Klo?
auf der Autobahn kann ich nicht halten!
ich nicht
ich nicht!
ich nicht

ich muss so nötig!

Nein, ich muß NICHT
Ganz bestimmt nicht!
?

Mutti, ich muß mal!
M. M

Fein essen gehen

So ein undankbares Kind nehmen wir nie wieder mit!
M. M

Aggressionen

M. M

II

damit es keinen Streit mehr gibt!

III

du blöde Ziege!
Mamma!
Wollt ihr wohl nicht schon wieder zanken?!?

Hört ihr endlich auf??

M.M

IV

M.M

Psychologische Beratung

Weißt du überhaupt, Wie lieb ich dich habe?!!
neuerdings stottert er auch
zu großer Leistungsdruck, zu wenig Zärtlichkeit !!!!!
...Aber mein Schätzchen, Wer wird denn schon wieder so fleißig sein ?!?

... er ist immer so böse zu mir!
Also einen Aggressions-stau haben wir!!

BÄÄÄH..!

Als Vater klein war

5

Du weißt ja gar nicht wie gut du es hast !

Aber Herr Meier, — Sie als aufgeklärter Mensch sollten doch wissen, daß man mit Liebe mehr erreicht, als mit Strenge !
MM

Ordnung muß nicht sein

Mach bloß nicht gleich Terror – Wir Können das alles gebrauchen!
SOMA
M. M

II

ich heirate ja SOWIESO nicht
M.M

Rabenmutter

Du Raben-mutter !!!
M. M

Tagesmutter

und Geld verdienen – das tu ich !
M. Marks

du hütest Herd + Kinder !
MM

Brüderchen und Schwesterchen

...einen für Ur-Ur-Großmamma!
...einen für Ur-Ur-Ur-Ur-Ur-gr.
M. M.

II

1

2

3

4

5

6

7

8

III

So muß man den Hammer halten!
Halt lieber dein blödes
Mau-au-auauauauau-aul!!
M.M.

Apfelernte

Alter Mann und Kind

M·M

Fang mich!

ich bin ein Wilder Mustang und du mußt mich fangen!

ich spiel' nicht mehr, -du läßt dich ja nicht fangen!
doch, Jetzt laß ich mich fangen!

ein Mustang Schlägt eben aus!
'ne ganz blöde Stute bist du!
M. M

Freiheit und Abenteuer

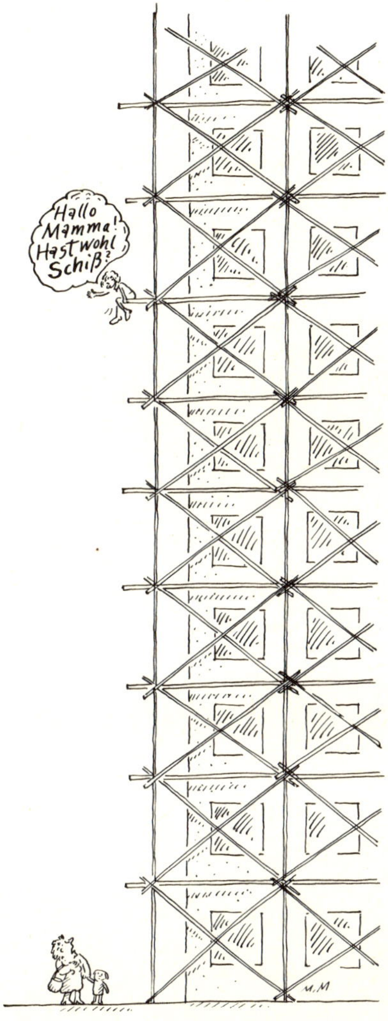
Hallo Mamma! Hast wohl Schiß?
M.M

Aus Kindern werden Leute

wollt ihr denn allesamt nicht groß & stark werden?
Nee

Was auf den Tisch kommt, wird gegessen!!

II

es ist bereits 12 Uhr nachts!
Sie regulieren ihr Schlafbedürfnis selbst!
1969
ist hier endlich Ruhe?! Wie wollt ihr denn morgen aus den Betten Kommen?
1972
Wo Kommt ihr um diese Zeit her?
1975
M·M

III

IV

Glaubens-
bekenntnis?
Ohne!
er soll von
Religion
befreit
werden!
Schulanfänger 68

Willst du nicht
ab und zu bei Religion
mitmachen?
Ich meine natürlich
nur Freiwillig!
Im Alten Testament
gibt es ganz
spannende
Geschichten!

ich glaube,
der kann noch nicht einmal
das Vaterunser!

Was hast du mit den vielen
Freistunden angefangen??
NICHTS!
Bis Montag
schreibst du mir
ein Referat
über den
23. Psalm!
Der HErr
ist mein Hirte
mir wird nichts
mangeln er
weidet mich
auf einer
M. M

V

Hauptsache DIR ist nichts passiert, Kindchen, alles andere ist egal!
M. M.

Schon wieder eine Rechnung wegen Deinem Moped!
Mofa! Ob du das wohl noch lernst?
M. M

Moped oder Mofa, — wenn ich dich auf so einem Ding nochmal erwische....
Typisch! Erst heißt's: Hauptsache, Dir ist nichts passiert, mein KINDCHEN und hinterher regst du dich wegen dem GELD auf!
M. M

VI

VII

Vater und Sohn

M. M

Vater und Tochter

Mutter und Sohn

M.M